COMPRENDRE LA LITTÉRATURE

HONORÉ DE BALZAC

La Peau de chagrin

Étude de l'œuvre

© Comprendre la littérature.

1 rue Honoré - 93500 Pantin.

ISBN 978-2-7593-0399-1

Dépôt légal : Octobre 2019

Impression Books on Demand GmbH

In de Tarpen 42

22848 Norderstedt, Allemagne

SOMMAIRE

- Biographie de Balzac.. 9

- Présentation de l'œuvre... 19

- Résumé du roman.. 25

- Les raisons du succès.. 33

- Les thèmes principaux... 39

- Étude du mouvement littéraire..................................... 45

- Dans la même collection.. 51

BIOGRAPHIE DE BALZAC

Honoré de Balzac naît à Tours le 20 mai 1799, dans une famille issue de l'ascension de la petite bourgeoisie d'après Révolution : son père, employé de l'administration militaire, incarne ces carrières nouvelles, tandis que l'enfance d'Honoré est marquée par une affection maternelle jugée froide et par une forte complicité avec sa sœur Laure, future madame Surville, qui restera l'une de ses confidentes. Très tôt placé en pension, il passe de 1804 à 1807 à Tours (pension Le Guay-Pinel), puis connaît, à partir de 1807, l'internat du collège de Vendôme, expérience de solitude et de discipline qu'il gardera en mémoire et dont l'ombre affleure dans plusieurs évocations d'adolescence enfermée ; il quitte Vendôme en 1813, revient à Tours comme externe, et, en 1814, au moment où la Restauration s'installe, sa famille déménage à Paris, dans le Marais, rue du Temple. De 1815 à 1816, il poursuit sa formation dans des institutions parisiennes (Lepître puis Ganzer et Beuzelin) avant d'entrer, en novembre 1816, dans le monde du droit : clerc d'avoué chez Guillonnet de Merville, puis clerc de notaire chez Passez, il s'inscrit à la Faculté de droit de Paris, assiste à la Sorbonne aux cours de figures intellectuelles majeures (Villemain, Guizot, Cousin), et obtient son baccalauréat en droit le 4 janvier 1819. Mais, à vingt ans, au lieu de suivre la carrière juridique promise, il arrache à ses parents un délai pour « faire ses preuves » en littérature : il s'installe alors dans une mansarde (rue Lesdiguières, près de l'Arsenal), vit pauvrement, accumule lectures, essais, plans de pièces, et rédige des textes de réflexion comme ses *Notes sur l'immortalité de l'âme* (1818). Les débuts sont difficiles : durant l'hiver 1820, il écrit *Cromwell*, tragédie en vers, jugée désastreuse par Andrieux ; loin d'abandonner, il se tourne vers une production plus alimentaire, multiplie les romans d'aventure publiés sous pseudonymes (Lord R'Hoone, Horace de Saint-Aubin), parfois en collaboration, et forge ainsi, à défaut de prestige immédiat, une endurance stylistique et une vitesse d'exécution qui deviendront sa marque. À Villeparisis, où ses parents se sont installés, il rencontre en 1821-1822 Laure de Berny (souvent appelée « Dilecta »), femme plus âgée, à la fois amante, conseillère, soutien affectif et inspiratrice : cette relation joue un rôle décisif, car elle lui apporte une écoute, un réseau et une stabilité relative au moment où il tente de « percer ». Entre 1822 et 1824, il publie ses premiers romans « de jeunesse » (par exemple *Le Centenaire*, *Le Vicaire des Ardennes*, *La Dernière Fée*, *Annette et le Criminel*), ainsi que des textes à coloration politique ou polémique (*Du Droit d'aînesse*, une *Histoire impartiale des Jésuites*), tout en cherchant une voie plus solide.

À partir de 1825, l'ambition le pousse vers l'édition et l'imprimerie : il veut maîtriser toute la chaîne du livre, rêvant d'indépendance et de gains rapides. Il signe des contrats, lance des éditions (La Fontaine, Molière, dont il rédige des préfaces), obtient un brevet d'imprimeur (1er juin 1826), s'installe rue des Marais-Saint-Germain (aujourd'hui rue Visconti), puis achète du matériel, se lance dans une fonderie de caractères ; l'aventure tourne au désastre. Entre retraits d'associés, liquidations, reventes forcées, il se retrouve vers 1828 avec une dette énorme (autour de cent mille francs), fardeau qui pèsera sur lui presque toute sa vie, alimentant une course permanente à la production et une relation orageuse aux créanciers (fuites, arrangements, cachettes, expédients). Cette faillite a pourtant un effet structurant : Balzac renonce aux entreprises industrielles et « revient » à l'écriture comme à la seule voie possible, mais désormais avec la conscience aiguë du marché, des journaux, des feuilletons, de la nécessité de publier vite tout en corrigeant obsessionnellement. En 1829, il franchit un cap : *Le Dernier Chouan ou la Bretagne en 1800* (bientôt connu sous le titre *Les Chouans*) paraît sous son nom et attire l'attention ; la même année, il perd son père (19 juin 1829) et accélère encore le rythme. À l'orée des années 1830, il fréquente les salons (Mme Récamier, Sophie Gay, etc.), collabore à divers journaux et revues (*La Silhouette, La Caricature, La Mode, Le Voleur*…), et publie les *Scènes de la vie privée* (1830), où se dessine déjà son projet de peindre la société par « tableaux » successifs. En 1831, *La Peau de chagrin* le propulse : le roman combine un Paris minutieusement observé et une fable fantastique sur le désir, la puissance et la destruction, ce qui manifeste d'emblée sa capacité à faire cohabiter réalisme social et énergie symbolique. Dans ces mêmes années, il affiche des convictions politiques plutôt légitimistes, songe même à une carrière publique (sans succès), et nourrit un goût du luxe – ameublements, vêtements, mise en scène de soi – qui contraste avec sa situation financière et l'enferme dans un cercle d'endettement.

En 1832 s'ouvre l'un des grands fils affectifs et romanesques de sa vie : la correspondance avec une admiratrice mystérieuse, « l'Étrangère », Eveline (Ewelina) Rzewuska, devenue Mme Hanska, aristocrate polonaise alors mariée. Balzac lui répond, joue d'indices dans la presse, et cette relation épistolaire, d'abord lointaine, devient un foyer d'énergie, de rêve social et d'espérance sentimentale. Il la rencontre enfin en 1833 à Neuchâtel et lui adresse aussitôt plusieurs manuscrits, notamment *Eugénie Grandet*. Cette année 1833 marque un véritable tournant créateur avec la publication d'*Eugénie Grandet* et du *Médecin de campagne* ; dans leur prolongement, les années 1834-1835 confirment et amplifient cet élan, voyant son œuvre prendre une ampleur nouvelle et s'organiser de manière plus cohérente, avec la mise en place des *Études de mœurs* (1834), et surtout *Le Père Goriot* (publié en feuilleton fin 1834-début 1835), roman où apparaît de façon éclatante une invention capitale : le retour des personnages d'un livre à l'autre, à différents âges et dans d'autres milieux, comme si l'ensemble formait un monde continu. Cette trouvaille est l'un des piliers du roman moderne : au lieu de récits isolés, Balzac bâtit une société cohérente où l'on peut « recroiser » Rastignac, Vautrin, Nucingen, et tant d'autres, comme on recroise des individus dans la vraie vie. Dans le même mouvement, il expérimente sans cesse les supports de publication : feuilletons, revues, volumes, rééditions, corrections interminables (il lui arrive de renvoyer des épreuves corrigées encore et encore, jusqu'à épuiser imprimeurs et éditeurs). Son travail devient une légende : journées et nuits d'écriture, parfois jusqu'à dix-huit heures, rythmées par le café, la réécriture, l'obsession du détail concret (objets, rues, sommes d'argent, contrats, héritages), au service d'une ambition : saisir les ressorts sociaux, politiques et économiques qui font agir les êtres.

À côté de cette production, la vie matérielle reste chaotique. En 1835, poursuivi pour ses obligations de garde nationale, il se cache ; en 1836, il purge des peines de prison à « l'Hôtel des Haricots », épisode mi-honteux mi-burlesque ; la même année, la mort de Mme de Berny (27 juillet 1836) le frappe durement, tant elle fut un appui. Il tente aussi la presse en entrepreneur : il achète et dirige un temps la *Chronique de Paris*, puis lance en 1840 la *Revue parisienne* (brève et coûteuse), projets qui reflètent son désir de contrôler son rayonnement mais aggravent souvent ses difficultés. Parallèlement, il se tourne vers le théâtre (lecture de pièces en salon, créations contrariées : *Vautrin* interdit après la première en 1840, d'autres œuvres dramatiques accueillies froidement), car la scène représente à ses yeux prestige et revenus rapides. Les voyages jalonnent sa vie : Italie, Suisse, provinces, déplacements pour fuir les recors ou rejoindre des protectrices ; en 1837, il publie des œuvres majeures comme *César Birot-*

teau et amorce *Illusions perdues* ; en 1838, il imagine même une aventure minière en Sardaigne (nouvelle chimère de fortune) ; en 1839, il devient président de la Société des gens de lettres, signe de son importance dans le champ littéraire, tout en échouant à l'Académie française (il n'obtiendra que quelques voix lors de tentatives ultérieures). Sa vie ressemble alors à une alternance de pics créateurs et de crises financières : achat du domaine des Jardies à Ville-d'Avray (1837), puis revente judiciaire (1841), cachettes chez des amies, négociations, dettes qui ne cessent de se recomposer.

Le début des années 1840 marque une étape décisive dans la construction systématique de son « monument ». En 1840, il fixe le titre *La Comédie humaine* (en écho à Dante), et, en 1841-1842, il contractualise l'édition avec un consortium d'éditeurs (Furne, Hetzel, Dubochet, Paulin) : le premier fascicule paraît le 16 avril 1842, précédé d'un célèbre *Avant-propos* où il expose sa méthode, sa vision des classes sociales, des forces historiques et des « espèces » humaines. Il organise son œuvre en ensembles (scènes de la vie privée, de province, parisienne, de campagne, militaire), puis en *Études philosophiques* et *analytiques*, comme si le roman devenait à la fois chronique, dissection et théorie. Cette architecture ne l'empêche pas d'écrire dans l'urgence : il publie, corrige, réinsère, rebaptise des personnages pour renforcer l'unité, et développe une peinture de plus en plus vaste de la société de la Restauration et de la monarchie de Juillet – banques, tribunaux, salons, presse, provinces, monde ouvrier, aristocratie, bourgeoisie montante – en montrant comment l'argent, l'ambition, l'hérédité, l'éducation, la loi et le désir se combinent pour produire des destins.

La relation avec Mme Hanska, longtemps tenue à distance par les contraintes sociales et le mariage de celle-ci, se densifie au milieu des années 1840 : Balzac la retrouve après une longue séparation (séjour à Saint-Pétersbourg en 1843), voyage en Europe avec elle et sa famille, rêve d'un foyer stable, d'une légitimation sociale et d'une fortune enfin apaisante. Il obtient la Légion d'honneur en 1845, s'installe rue Fortunée (actuelle rue Balzac), aménage ce qu'il appelle volontiers son « palais », mais la santé se dégrade : fatigue, crises, cœur éprouvé par des années d'excès et de surmenage. Pourtant il continue de produire : *Splendeurs et misères des courtisanes* (dont *Esther*), *La Cousine Bette* (1846), *Le Cousin Pons* (1847) paraissent en feuilleton, preuve de sa maîtrise des attentes du public et de la presse. 1848 le voit témoin des secousses politiques à Paris (pillage des Tuileries), publiant une profession de foi, tandis que ses projets dramatiques (*La Marâtre*) souffrent des circonstances. À la fin de cette décennie, il passe de longs mois en Ukraine chez Mme Hanska, rédige son testament, continue d'ajuster *La Comédie humaine* (dont le dernier tome de l'édition Furne paraît en 1848), et s'accroche à l'idée d'un mariage qui, pour lui, signifierait à la fois accomplissement affectif et reconnaissance sociale.

Le 14 mars 1850, après de longues années d'attente (bien plus que « sept ans » : la correspondance commence en 1832, la première rencontre date de 1833), Balzac épouse enfin Eveline Hanska à Berditcheff, en Ukraine. Il rentre malade à Paris avec elle le 20 mai 1850, s'installe rue Fortunée, s'épuise rapidement : le corps ne suit plus l'énergie. Il meurt le 18 août 1850, à cinquante et un ans, et ses funérailles ont lieu le 21 août ; Victor Hugo prononce l'éloge funèbre au Père-Lachaise, scellant symboliquement la place de Balzac parmi les grands. Son héritage s'impose presque immédiatement : en bâtissant *La Comédie humaine* comme une société totale, en donnant au roman une puissance d'observation inédite des mécanismes sociaux (l'argent, les carrières, les alliances, les humiliations, la presse, la justice), en inventant la circulation des personnages et en adoptant une précision quasi documentaire dans les décors et les échanges, Balzac contribue à fonder le réalisme moderne – même si son œuvre déborde le seul réalisme par le fantastique, la spéculation philosophique, la satire et le lyrisme. Il laisse enfin l'image paradoxale d'un homme à la fois visionnaire et prisonnier de ses chimères matérielles : entrepreneur malheureux, mondain endetté, travailleur forcené, amoureux obstiné, et surtout créateur d'un monde romanesque où l'on a l'impression, encore aujourd'hui, de pouvoir marcher comme dans une ville vivante.

PRÉSENTATION DE L'ŒUVRE

Publié en 1831, *La Peau de chagrin* occupe une place décisive dans l'ensemble de *La Comédie humaine* et marque un moment charnière dans la carrière de Balzac. Le roman raconte l'histoire de Raphaël de Valentin, jeune aristocrate ruiné, désespéré, sur le point de se suicider, qui entre par hasard chez un antiquaire et y découvre un talisman mystérieux : une peau magique capable d'exaucer tous ses désirs, mais qui rétrécit à chaque vœu accompli, diminuant d'autant la durée de sa vie. À partir de ce pacte implicite, l'œuvre explore le conflit entre volonté, désir, puissance et destruction, inscrivant dans un récit à la fois réaliste et fantastique une méditation profonde sur l'énergie vitale et la société moderne. Le livre s'ouvre sur une scène de tension extrême : Raphaël, acculé par la misère, joue sa dernière pièce d'or dans une maison de jeu parisienne. Cette entrée en matière plonge immédiatement le lecteur dans un univers urbain précis, concret, minutieusement observé. Le cadre social est solidement planté : le Paris de la Restauration, ses cercles mondains, ses misères cachées, ses illusions. Après cette ouverture dramatique, le récit bifurque vers l'épisode central de la découverte du talisman, moment où le registre du quotidien bascule dans le merveilleux inquiétant. L'antiquaire, personnage énigmatique et presque démoniaque, expose à Raphaël la loi implacable de la peau : vouloir, c'est vivre moins. Ce principe simple devient l'axe autour duquel tout s'organise.

Le déroulement du roman alterne ensuite entre deux dynamiques complémentaires. D'une part, la progression tragique du destin de Raphaël, qui voit sa vie se raccourcir à mesure que ses désirs se réalisent ; d'autre part, de larges retours en arrière qui éclairent son passé. Une longue confession permet de comprendre les causes de sa situation initiale : ses ambitions intellectuelles, son amour malheureux pour la riche et froide Foedora, sa pauvreté, son orgueil. Ce mouvement rétrospectif donne une profondeur psychologique au personnage et transforme le récit en analyse du désir frustré. L'histoire n'avance donc pas de façon linéaire et uniforme : elle s'enrichit de détours explicatifs qui dévoilent progressivement les ressorts intimes du héros.

Après l'obtention du talisman, une nouvelle phase s'ouvre : celle de l'ascension rapide. Raphaël devient riche, célèbre, entouré, admiré. Les salons s'ouvrent à lui, la réussite sociale semble totale. Pourtant, chaque triomphe contient sa menace, car la peau se contracte inexorablement. Le lecteur voit ainsi se juxtaposer deux mouvements contraires : l'expansion extérieure (fortune, reconnaissance, puissance) et la réduction intérieure (durée de vie, énergie, souffle). Cette tension permanente donne au roman sa force dramatique. Le fantastique n'y est pas gratuit : il matérialise de manière visible une vérité abstraite – toute dépense d'énergie vitale rapproche de la mort.

La figure de Pauline, amour sincère et simple, vient offrir une alternative morale à la logique destructrice du désir. Elle représente la tendresse, la fidélité, une vie modeste mais harmonieuse. En face d'elle, Foedora incarne la séduction glaciale, la vanité mondaine, le mirage social. Ces deux figures féminines structurent l'évolution affective de Raphaël : entre la quête d'un amour pur et l'attrait du prestige, il oscille, révélant la fragilité de sa volonté. La dimension sentimentale ne se réduit donc pas à un simple décor romanesque : elle met en scène le conflit entre authenticité et illusion.

Le texte se distingue également par l'ampleur de ses descriptions. Les lieux – maison de jeu, boutique de l'antiquaire, hôtels particuliers, laboratoires de savants – sont peints avec une précision presque scientifique. Balzac multiplie les détails matériels : meubles, étoffes, objets, visages, gestes. Cette abondance descriptive ancre le merveilleux dans un cadre tangible. Le fantastique ne flotte pas dans l'irréel ; il surgit au cœur d'un monde solidement construit. Cette coexistence du concret et de l'étrange donne au roman une tonalité singulière : l'extraordinaire paraît plausible parce qu'il est inséré dans un univers minutieusement observé.

Le livre combine ainsi plusieurs registres. On y trouve le récit d'apprentissage, avec un jeune homme affrontant les illusions du monde ; le roman philosophique, qui interroge la nature du désir et les limites de la volonté ; le récit fantastique, fondé sur un objet surnaturel régi par une loi inexorable ; et l'étude sociale, attentive aux mécanismes de l'argent, du pouvoir et de la réussite. Ces dimensions ne sont pas juxtaposées, mais entremêlées : l'expérience intime de Raphaël éclaire le fonctionnement de la société, tandis que le cadre social rend plus cruelle encore la fatalité individuelle.

Le rythme du texte varie considérablement. Certaines scènes sont brèves, presque fulgurantes, comme les moments où la peau diminue soudainement ; d'autres s'étirent en analyses longues et argumentées, notamment lorsque Balzac développe des réflexions sur la science, la médecine ou la psychologie. Ces développements ne sont pas des digressions gratuites : ils participent à la réflexion centrale sur l'énergie humaine. Le roman pose implicitement une équation : la vie est un capital limité. Vouloir intensément, jouir sans mesure, brûler ses forces revient à consumer son existence.

La fin accentue la dimension tragique. Raphaël, désormais conscient de la loi qui le condamne, tente de renoncer au désir lui-même. Il cherche à vivre sans vouloir, à éteindre toute passion pour préserver le peu de surface restante. Mais cette tentative est vaine : vivre implique désirer. La conclusion, marquée par la disparition du héros, confirme l'impossibilité de contourner la loi du talisman. L'objet fantastique agit comme une métaphore implacable de la condition humaine.

La Peau de chagrin occupe ainsi une position stratégique dans l'œuvre balzacienne. Elle annonce le vaste projet de peinture sociale qui culminera dans les grands romans ultérieurs, tout en conservant une intensité symbolique particulière. Le livre démontre déjà l'ambition de son auteur : comprendre les forces invisibles qui gouvernent les individus – ambition, argent, amour, orgueil – et montrer comment elles s'inscrivent dans les mécanismes collectifs d'une époque.

En définitive, l'ouvrage ne se limite pas à l'histoire d'un talisman magique. Il propose une méditation sur la modernité naissante, où la quête de réussite et de puissance épuise les êtres. Par le mélange du réalisme minutieux et de l'élément surnaturel, par l'alternance de progression dramatique et de retours explicatifs, par l'alliance de l'analyse sociale et de la réflexion philosophique, Balzac parvient à transformer une fable fantastique en exploration profonde de la vie humaine.

RÉSUMÉ DU ROMAN

Chapitre 1 : Le talisman

À la fin d'octobre 1830, Raphaël de Valentin, jeune aristocrate sans ressources, entre dans une maison de jeu du Palais-Royal et mise sa dernière pièce d'or à la roulette ; il la perd et se retrouve sans argent.

Décidé à se suicider, il traverse Paris en attendant la nuit et s'arrête devant la Seine, puis continue à errer avant d'entrer dans la boutique d'un antiquaire de la rue Voltaire. Il y contemple longuement des œuvres d'art et des objets venus d'Orient et de l'Antiquité. Le marchand, qui devine son désespoir, engage la conversation ; Raphaël lui avoue son intention de mourir. Le vieillard lui montre alors une peau d'onagre appelée « peau de chagrin », couverte d'une inscription en caractères orientaux et marquée du sceau de Salomon. Le texte promet à son possesseur l'accomplissement de tous ses désirs, mais précise que la peau diminuera à chaque souhait et que la vie de son détenteur s'abrégera en proportion. Malgré les avertissements répétés de l'antiquaire, Raphaël prend le talisman, presque par défi.

En sortant, il formule le vœu de connaître le luxe et les plaisirs. Il retrouve aussitôt des connaissances, dont Émile Blondet, qui l'entraînent à un banquet donné chez le riche banquier Taillefer pour célébrer la fondation d'un journal. Dans l'hôtel particulier illuminé, les convives festoient ; le vin coule abondamment, les discussions politiques et littéraires s'enchaînent, puis des femmes arrivent, parmi lesquelles Aquilina et Euphrasie, avec qui Raphaël et Émile font connaissance. Au milieu de la fête, Raphaël confie à Émile ses projets de suicide et commence à raconter son passé pour expliquer sa situation. Entre-temps, il constate que la peau s'est déjà contractée, preuve que son souhait a été exaucé.

Chapitre 2 : La femme sans cœur

Raphaël évoque d'abord à Émile sa jeunesse dominée par un père autoritaire qui règle strictement ses études de droit et son existence. Un jour, chez un parent, le duc de Navarreins, il joue l'or que son père lui a confié, gagne, puis remet la somme initiale dans la bourse paternelle sans être découvert ; cet épisode lui révèle à la fois son audace et son aptitude au jeu. Après la Restauration, les biens que son père avait acquis sous l'Empire sont contestés, les procès s'accumulent et les dettes s'aggravent. Soucieux de relever le nom familial, le père destine son fils à une carrière politique. Raphaël vend les propriétés héritées de sa mère, à l'exception d'une petite île où elle repose, afin de faire face aux créanciers. Son père meurt en 1826, laissant son fils âgé de vingt-deux ans presque sans ressources.

Avec le peu d'argent qui lui reste, Raphaël décide de vivre retiré pendant trois ans pour tenter de conquérir la célébrité par le travail intellectuel. Il s'installe dans une modeste pension tenue par madame Gaudin, près de la Sorbonne, et se lie avec sa fille Pauline, jeune fille douce et dévouée, qu'il instruit et qui lui témoigne une affection sincère. Il compose une comédie et rédige un ouvrage philosophique intitulé Théorie de la volonté, sans obtenir le succès espéré. Bien qu'il soit touché par Pauline, il refuse d'envisager le mariage avec une jeune fille pauvre, rêvant d'une union brillante.

En décembre 1829, il rencontre Eugène de Rastignac, qui l'encourage à fréquenter le grand monde. Rastignac lui présente la comtesse Foedora, femme riche, indépendante et recherchée. Raphaël s'éprend d'elle et multiplie les visites, fasciné par son luxe et persuadé d'une entente particulière entre eux. Pourtant, la comtesse se montre tour à tour accueillante et distante. Un soir, après l'avoir invitée au théâtre et s'être vu refuser sa proposition, il la découvre présente à la représentation sans lui ; il la raccompagne sous la pluie et éprouve l'humiliation de ne pouvoir donner une pièce au commissionnaire qui les abrite. Arrivés chez elle, Foedora lui déclare qu'elle n'éprouve aucun sentiment amoureux. Plus tard, dissimulé chez elle, Raphaël surprend des propos moqueurs à son sujet et apprend qu'elle ne songe ni au mariage ni aux enfants. Lorsqu'il finit par lui déclarer sa passion et rappeler les sacrifices consentis, elle lui répond avec froideur et tourne en dérision son exaltation.

Entre-temps, pour subsister, Raphaël accepte par l'intermédiaire de Rastignac un travail proposé par un éditeur, Finot : rédiger des ouvrages ou des mémoires destinés à paraître sous un autre nom. L'argent gagné est aussitôt dépensé pour soutenir son train de vie et tenter de plaire à Foedora. Il la présente même à son cousin, le duc de Navarreins, qu'elle souhaite solliciter pour ses affaires. Peu à peu, il s'endette. Rastignac, ayant remporté une forte somme au jeu avec de l'argent confié par Raphaël, lui permet de quitter sa mansarde pour un appartement plus élégant, rue Taitbout. Raphaël se lance alors dans une existence de plaisirs et de dépenses, mais l'argent s'épuise rapidement ; poursuivi par les créanciers, il vend la dernière propriété qui lui restait, l'île où sa mère était enterrée. Finalement, ruiné de nouveau, il ne lui reste qu'une faible somme et il se rend au jeu avec l'idée d'en finir.

Son récit s'interrompt lorsque, au cours de la fête, il montre à Émile la peau de chagrin et lui explique son pouvoir. Devant l'incrédulité de son ami, il formule un souhait précis, celui d'obtenir une importante rente. Le lendemain matin, on lui annonce qu'il hérite d'un oncle mort aux Indes et qu'une immense fortune lui revient. Raphaël constate alors que la peau a sensiblement diminué : la richesse acquise correspond à une réduction visible de sa vie.

Chapitre 3 : L'agonie

Au début de décembre 1831, Raphaël, devenu marquis et immensément riche grâce à son héritage, s'est installé dans un hôtel particulier rue de Varenne. Il a rappelé auprès de lui l'ancien domestique de sa famille, Jonathas, qu'il charge d'organiser sa vie de manière à prévenir toute tentation : personne ne doit être admis sans autorisation, et tout doit être prévu pour qu'il n'ait jamais à exprimer le moindre désir. Il vit enfermé, surveillant constamment la taille de la peau de chagrin. Un jour pourtant, son ancien professeur Porriquet insiste pour le voir afin d'obtenir son appui : compromis politiquement après la chute de Charles X, il espère être rétabli dans sa position. Au cours de l'entretien, Raphaël laisse échapper un souhait favorable à son ancien maître ; aussitôt, il constate que la peau a diminué. Furieux contre lui-même, il ordonne de ne plus laisser entrer personne.

Peu après, il se rend au théâtre des Italiens. Dans la salle, il aperçoit d'anciennes connaissances, puis reconnaît Pauline, transformée, élégante et désormais riche, son père étant revenu fortuné et sa mère ayant acquis un titre. Ils se revoient le lendemain. Raphaël comprend que Pauline l'a toujours aimé ; lorsqu'il forme le souhait d'être aimé d'elle, la peau ne rétrécit pas, preuve que ce sentiment existait déjà. Ils décident de s'unir. Mais, de retour chez lui, Raphaël s'aperçoit que la peau a encore diminué ; il attribue cette réduction aux désirs involontaires que son bonheur a fait naître. Dans un accès de colère, il jette le talisman au fond d'un puits. Quelque temps plus tard, le jardinier le retrouve intact mais plus petit encore et le rapporte.

Raphaël entreprend alors de consulter des savants. Le zoologiste Lavrille identifie la peau comme celle d'un onagre et n'y voit qu'un phénomène naturel ; il l'envoie au mécanicien

Planchette, qui tente en vain de l'étendre par des procédés physiques ; celui-ci fait appel au chimiste Japhet, dont les réactifs restent sans effet. Aucun instrument ne peut la couper ni l'altérer. Devant cet échec, Raphaël se tourne vers la médecine. Quatre médecins l'examinent ; l'un explique tout par la matière, un autre par des causes spirituelles, un troisième hésite entre les deux, et Bianchon lui conseille de changer d'air.

Raphaël part aux eaux d'Aix-les-Bains. Son humeur sombre et son comportement étrange lui attirent l'hostilité des curistes. Provoqué en duel par un jeune aristocrate, il accepte et affirme qu'il vaincra. Le duel a lieu : son adversaire est mortellement atteint. Raphaël vérifie ensuite que la peau a encore diminué, réduite à la taille d'une feuille. Il poursuit son voyage vers le Mont-Dore, séjourne quelque temps dans un village d'Auvergne auprès d'une famille simple, tentant de mener une existence retirée ; mais les regards de pitié qu'on lui porte lui rappellent son état, et il rentre à Paris.

De plus en plus affaibli, glacé malgré le feu de cheminée, il s'enferme et demande à Bianchon un breuvage à base d'opium pour demeurer endormi. Jonathas tente de le distraire en organisant une fête, mais Raphaël se retire. Pauline vient à son chevet ; il lui révèle le secret du talisman. En sa présence, un dernier élan de désir le saisit ; sous les yeux de la jeune femme, la peau, devenue minuscule, se contracte encore. Pauline, bouleversée, tente de se donner la mort pour le sauver, mais Raphaël l'en empêche et expire dans ses bras, tandis que Jonathas accourt et découvre la jeune femme serrant le corps sans vie du marquis.

Chapitre : Épilogue

Après la mort de Raphaël, une voix anonyme s'interroge sur le destin des deux femmes qui ont marqué sa vie. Pauline, brisée par la disparition de celui qu'elle aimait, n'est plus que l'ombre d'elle-même. Elle s'efface peu à peu, comme une figure idéale qui ne trouve plus sa place dans le monde réel ; son existence devient discrète, presque impalpable, et son amour apparaît rétrospectivement comme absolu et sans retour.

Foedora, en revanche, demeure présente dans le monde mondain. Toujours entourée, admirée et recherchée, elle continue de tenir son rang dans la haute société parisienne. Égale à elle-même, indépendante et insaisissable, elle incarne la vie sociale brillante et froide que Raphaël avait poursuivie. Ainsi, tandis que Pauline se dissout dans le souvenir d'un amour perdu, Foedora subsiste au cœur de cette société éclatante et distante dont elle est l'une des figures les plus remarquées.

LES RAISONS
DU SUCCÈS

Lorsque *La Peau de chagrin* paraît en 1831, le public français traverse une période de bouleversements profonds. La Révolution de Juillet 1830 a renversé Charles X et porté au pouvoir Louis-Philippe ; la monarchie de Juillet s'installe dans un climat d'incertitude politique, d'ascension bourgeoise et d'intense mobilité sociale. Dans ce Paris agité, dominé par la spéculation, la finance et l'ambition individuelle, l'histoire de Raphaël de Valentin trouve un écho immédiat. Le jeune homme ruiné qui tente sa chance au jeu, qui rêve de fortune rapide et qui s'enivre de réussite correspond aux aspirations et aux angoisses d'une génération confrontée à l'instabilité. Le roman met en scène la puissance de l'argent, la fragilité des positions sociales et la tentation d'une réussite foudroyante – autant de réalités sensibles dans une société où les fortunes se font et se défont rapidement. La figure de Foedora, femme riche et indépendante, incarne ce monde mondain et calculateur qui fascine et exclut à la fois ; à l'inverse, Pauline représente une forme de pureté affective que l'époque semble menacer. Le talisman qui exauce les désirs au prix de la vie traduit de manière frappante l'idée que l'énergie individuelle, exploitée sans mesure dans une société de concurrence et de jouissance, conduit à l'épuisement. Ce lien entre ambition, consommation et destruction personnelle correspond aux inquiétudes d'un public témoin de transformations économiques accélérées.

Par ailleurs, le roman s'inscrit dans un moment où le goût du public évolue rapidement. Les lecteurs sont attirés par les œuvres mêlant émotion intense, drame personnel et interrogation philosophique. *La Peau de chagrin* répond à cette attente en combinant une intrigue fantastique – un objet magique qui rétrécit à chaque désir – avec une peinture minutieuse des milieux parisiens : maisons de jeu du Palais-Royal, hôtels particuliers aristocratiques, pensions étudiantes proches de la Sorbonne, salons brillants et stations thermales à la mode comme Aix-les-Bains. Ce mélange d'élément surnaturel et d'observation précise séduit un lectorat partagé entre fascination pour le mystère et intérêt pour la réalité sociale contemporaine. L'ouvrage dialogue aussi avec les courants dominants du début du XIXe siècle : l'exaltation des passions, le sentiment du destin, la figure du héros solitaire et tourmenté rappellent la sensibilité romantique, tandis que l'attention portée aux mécanismes de l'argent, aux carrières, aux dettes et aux réseaux d'influence annonce une exploration méthodique de la société moderne. Le personnage de Raphaël, à la fois ambitieux, lucide et victime de ses propres élans, offre aux lecteurs une figure dans laquelle ils peuvent reconnaître leurs propres contradictions.

Le succès du roman tient également aux conditions de diffusion du livre à cette époque. Les années 1830 voient l'essor de la presse, des journaux politiques et littéraires, ainsi que l'élargissement du public lecteur grâce au développement de l'imprimerie et à la baisse progressive des coûts de production. Les romans circulent davantage, sont commentés, discutés dans les salons et dans les cafés. Balzac bénéficie de cette dynamique : son œuvre est rapidement remarquée, commentée et intégrée aux débats intellectuels. Le caractère spectaculaire de l'intrigue – un pacte fatal matérialisé par une peau qui se contracte – fournit un argument puissant pour attirer la curiosité. L'ouvrage frappe par son originalité et par certaines scènes marquantes, comme la découverte du talisman chez l'antiquaire ou la réduction visible de la peau après un souhait. Ces images fortes favorisent la circulation des échos et des discussions autour du livre. En outre, Balzac travaille activement à construire son nom d'auteur ; il multiplie les publications et installe progressivement un univers cohérent qui deviendra *La Comédie humaine*. *La Peau de chagrin* apparaît ainsi comme une œuvre fondatrice, capable d'imposer son auteur dans le paysage littéraire.

Enfin, le roman répond à une attente plus profonde : celle d'une réflexion sur la condition humaine dans un monde où tout semble possible mais où tout a un prix. En associant réussite sociale, désir amoureux, ambition intellectuelle et fatalité, Balzac propose une œuvre à la fois captivante par son intrigue et stimulante par ses questions. Les lecteurs y trouvent à la fois le plaisir du récit, la reconnaissance de leur époque et la méditation sur les limites de la volonté. Cette convergence entre les transformations de la société, les goûts dominants du public et les nouveaux circuits de diffusion explique que *La Peau de chagrin* ait rencontré un succès durable dès sa parution.

LES THÈMES
PRINCIPAUX

Dans *La Peau de chagrin*, le désir n'est pas une simple inclination psychologique : il constitue une force concrète, mesurable, dont les effets se traduisent physiquement par la diminution du talisman détenu par Raphaël de Valentin. Dès la rencontre avec l'antiquaire, l'inscription gravée sur la peau établit une équivalence implacable entre vouloir et se consumer. La première mise à l'épreuve intervient presque aussitôt après l'acquisition de l'objet : en sortant de la boutique, Raphaël forme le vœu de connaître le luxe et les plaisirs. Le soir même, chez le banquier Taillefer, au milieu d'un banquet éclatant où circulent vins, mets recherchés et courtisanes comme Aquilina et Euphrasie, il constate que la surface du cuir s'est déjà contractée. L'énergie dépensée dans l'élan du souhait se trouve convertie en perte vitale. Plus tard, lorsque son ancien professeur Porriquet sollicite son appui pour retrouver une position compromise, un simple mot d'encouragement – formulé sans réflexion – provoque un nouveau rétrécissement : le désir n'a même plus besoin d'être grandiose pour agir, il suffit qu'il soit exprimé. De la même manière, au théâtre des Italiens, la réapparition de Pauline, transformée et désormais riche, suscite en lui un mouvement intérieur si intense que, malgré sa résolution de ne rien demander, la peau diminue encore après leur rencontre ; l'aspiration amoureuse agit comme une dépense invisible. L'expérience devient plus brutale aux eaux d'Aix-les-Bains : provoqué en duel, Raphaël annonce qu'il vaincra et, par cette certitude même, engage la puissance du talisman ; l'adversaire tombe sous la balle, et la peau, réduite à la taille d'une feuille, matérialise le prix payé pour cette affirmation de volonté. À travers ces épisodes successifs – fête mondaine, intervention charitable, passion renaissante, défi mortel – le roman établit une loi constante : toute projection vers l'extérieur, qu'elle soit ambition, générosité, amour ou orgueil, entame la réserve d'existence. Lorsque

Raphaël tente au contraire de se retrancher dans l'inaction, enfermé rue de Varenne sous la surveillance de Jonathas, il comprend que préserver sa durée revient à suspendre toute intensité ; vivre moins pour durer davantage. Ainsi, l'objet magique rend visible une équation tragique : l'être humain ne peut affirmer sa volonté sans entamer la substance même qui le maintient en vie, et chaque élan qui donne à l'existence sa saveur en abrège simultanément la mesure.

Dans le roman, l'argent apparaît comme le moteur essentiel des rapports humains et comme la condition d'accès aux cercles influents. Dès sa jeunesse, Raphaël subit les conséquences des spéculations et des revers financiers de son père, ancien serviteur du pouvoir sous l'Ancien Régime puis sous l'Empire, dont les biens acquis à l'étranger sont contestés après les bouleversements politiques. Les procès, les créanciers et la nécessité de vendre les dernières terres familiales montrent combien la position sociale dépend de la solidité des fortunes. Plus tard, lorsqu'il vit dans la modeste pension de madame Gaudin, près de la Sorbonne, il tente de conquérir une reconnaissance par le travail intellectuel ; mais son traité philosophique ne lui rapporte rien, preuve que le mérite seul ne garantit ni notoriété ni aisance. L'entrée dans les salons change la perspective : guidé par Eugène de Rastignac, il découvre que les relations comptent davantage que le talent. La rencontre avec la comtesse Foedora révèle un monde où l'élégance des équipages, la richesse des appartements et la fréquentation des puissants constituent un langage social. Pour être admis auprès d'elle, Raphaël dépense au-delà de ses moyens, commande des vêtements coûteux, entretient une apparence qui doit masquer sa pauvreté ; l'image prime sur la réalité. L'intervention de l'éditeur Finot accentue cette logique : celui-ci prospère en publiant sous son nom des ouvrages rédigés par d'autres et propose à Raphaël d'écrire de faux mémoires, démontrant que la réputation peut s'acheter et se fabriquer. Lorsque Rastignac revient triomphant du jeu avec une somme considérable, la métamorphose est immédiate : nouvel appartement, mobilier luxueux, fréquentations brillantes ; la fortune ouvre les portes d'un univers jusque-là inaccessible. Mais cette réussite repose sur une circulation incessante de dettes, d'emprunts et de mises hasardeuses, et l'illusion de stabilité se dissipe aussi vite qu'elle s'est formée. À travers ces trajectoires croisées – aristocrates déchus, jeunes ambitieux, éditeurs opportunistes, grandes dames calculatrices – le roman offre une représentation d'une capitale où l'apparence gouverne les réputations, où la richesse détermine l'influence, et où l'ascension dépend autant de la mise en scène de soi que des capacités réelles.

L'opposition entre Pauline et Foedora structure une réflexion sur deux manières d'aimer qui correspondent à deux visions incompatibles du monde. Pauline apparaît d'abord dans l'espace étroit de la pension familiale, où elle partage avec sa mère une existence modeste et laborieuse. Elle veille discrètement sur Raphaël, lui prépare parfois un repas simple, écoute ses lectures, progresse au piano sous sa direction et nourrit pour lui une affection qu'elle n'ose pas déclarer. Lorsqu'il surprend un jour ses paroles confiées à sa mère, il découvre un attachement fidèle qui ne dépend ni de la fortune ni du rang. Pourtant, il s'éloigne d'elle, estimant qu'une union sans éclat social ne saurait satisfaire son ambition. Foedora, à l'inverse, évolue dans les salons brillants où se décident réputations et alliances. Elle reçoit, observe, jauge ; ses conversations sont mesurées, ses gestes calculés. Quand Raphaël la présente à son cousin influent, le duc de Navarreins, elle saisit immédiatement l'avantage que peut lui offrir cette relation pour régler ses intérêts à l'étranger. Son rapport aux hommes relève de la stratégie plus que de l'élan du cœur. La scène où Raphaël, caché derrière un rideau, entend les propos ironiques qu'elle tient à son sujet devant ses invités dévoile la distance glaciale qui sépare l'apparence mondaine du sentiment authentique. À travers ces deux figures féminines, le roman met face à face une tendresse patiente, enracinée dans la constance et la simplicité, et une sociabilité éclatante fondée sur l'utilité, le prestige et la maîtrise de soi. Pauline représente un attachement absolu qui accepte le sacrifice ; Foedora incarne une société où l'affection est subordonnée au calcul et à la position. Ainsi, la trajectoire sentimentale de Raphaël ne relève pas seulement d'un drame intime : elle révèle un monde où l'amour peut être soit une vérité silencieuse, soit un instrument parmi d'autres dans le jeu des ambitions.

ÉTUDE DU MOUVEMENT LITTÉRAIRE

La Peau de chagrin appartient principalement au réalisme, tout en intégrant des éléments du romantisme et du fantastique. Cette combinaison explique en grande partie la richesse et l'originalité du roman.

L'ancrage majeur de l'œuvre se situe du côté du réalisme, courant qui cherche à représenter la société de manière précise, structurée et fidèle à son fonctionnement concret. Honoré de Balzac inscrit son récit dans un cadre historique identifiable : Paris au début des années 1830, après la Révolution de Juillet. Les lieux sont réels, minutieusement décrits : le Palais-Royal et ses maisons de jeu, la pension modeste de madame Gaudin près de la Sorbonne, les salons aristocratiques, les hôtels particuliers du faubourg Saint-Germain, les cafés à la mode ou encore les stations thermales comme Aix-les-Bains. À travers l'itinéraire de Raphaël de Valentin, Balzac propose une véritable radiographie de la société française : noblesse déchue, bourgeoisie enrichie, étudiants ambitieux, journalistes, éditeurs opportunistes, financiers, domestiques fidèles. Chaque milieu social est observé avec attention, dans ses codes, ses ambitions et ses contradictions. Le personnage de Finot, éditeur qui publie sous son nom des ouvrages écrits par d'autres, illustre par exemple les mécanismes du marché littéraire. Rastignac incarne l'ambition sociale et la stratégie relationnelle nécessaires pour réussir. Foedora représente l'aristocratie mondaine dont le pouvoir repose sur le prestige et l'influence. Cette volonté de peindre l'ensemble d'une époque correspond pleinement à l'esthétique réaliste que Balzac développera dans l'ensemble de *La Comédie humaine*.

Cependant, le roman ne se limite pas à cette observation sociale. Il conserve une forte dimension romantique. Le personnage de Raphaël présente plusieurs traits caractéristiques du héros romantique : solitude, orgueil, hypersensibilité, aspiration à l'absolu, sentiment de décalage avec le monde. Il passe de l'exaltation à l'abattement, rêve de grandeur, puis se replie dans le désespoir. Son rapport au désir, à l'amour et à la mort est excessif, passionné, dramatique. La figure de Pauline incarne un idéal sentimental pur et absolu, tandis que Foedora symbolise l'inaccessibilité et la froideur. Le thème de la fatalité traverse tout le roman : une force supérieure semble régir la destinée du héros, et la lutte contre le talisman prend une dimension tragique. Cette intensité émotionnelle, cette réflexion sur la volonté, la vie et la mort, rapprochent l'œuvre du romantisme, très influent dans les années 1830.

À ces deux dimensions s'ajoute un élément fondamental : le fantastique. La peau de chagrin est un objet surnaturel dont le pouvoir échappe aux lois ordinaires. Elle exauce les désirs et se rétrécit de façon inexpliquée. Balzac entretient une ambiguïté : les savants – zoologiste, mécanicien, chimiste – tentent d'en donner une explication rationnelle, mais échouent. Le phénomène reste irrationnel, inexplicable scientifiquement. Cette hésitation entre explication rationnelle et intervention surnaturelle correspond aux caractéristiques du fantastique tel qu'il se développe au XIXe siècle. Le talisman matérialise une idée abstraite – la dépense d'énergie vitale – en la transformant en objet visible et mesurable.

Ainsi, *La Peau de chagrin* se situe à la croisée des courants. Par son ambition de représenter l'ensemble de la société contemporaine, il relève du réalisme. Par la sensibilité exacerbée de son héros et la place accordée aux passions et à la fatalité, il conserve une forte empreinte romantique. Par la présence d'un objet magique qui défie la science, il intègre le fantastique. Cette hybridation est typique de la période de transition des années 1830 : Balzac inaugure une nouvelle manière d'écrire le réel tout en conservant la puissance dramatique et symbolique héritée du romantisme. Le roman n'appartient donc pas à un mouvement unique et fermé, mais il s'inscrit principalement dans la naissance du réalisme, enrichi par des influences romantiques et fantastiques.

DANS LA MÊME COLLECTION
(par ordre alphabétique)

- **Anonyme**, *La Farce de Maître Pathelin*
- **Anouilh**, *Antigone*
- **Aragon**, *Aurélien*
- **Aragon**, *Le Paysan de Paris*
- **Austen**, *Raison et Sentiments*
- **Balzac**, *Illusions perdues*
- **Balzac**, *La Femme de trente ans*
- **Balzac**, *Le Colonel Chabert*
- **Balzac**, *Le Lys dans la vallée*
- **Balzac**, *Le Père Goriot*
- **Barbey d'Aurevilly**, *L'Ensorcelée*
- **Barbey d'Aurevilly**, *Les Diaboliques*
- **Bataille**, *Ma mère*
- **Baudelaire**, *Les Fleurs du Mal*
- **Baudelaire**, *Petits poèmes en prose*
- **Beaumarchais**, *Le Barbier de Séville*
- **Beaumarchais**, *Le Mariage de Figaro*
- **Beauvoir**, *Mémoires d'une jeune fille rangée*
- **Beckett**, *Fin de partie*
- **Brecht**, *La Noce*
- **Brecht**, *La Résistible ascension d'Arturo Ui*
- **Brecht**, *Mère Courage et ses enfants*
- **Brontë**, *Jane Eyre*
- **Camus**, *L'Étranger*
- **Carroll**, *Alice au pays des merveilles*
- **Céline**, *Mort à crédit*
- **Céline**, *Voyage au bout de la nuit*
- **Chateaubriand**, *Atala*

- **Chateaubriand**, *René*
- **Chrétien de Troyes**, *Perceval*
- **Cocteau**, *Les Enfants terribles*
- **Colette**, *Le Blé en herbe*
- **Corneille**, *Le Cid*
- **Crébillon fils**, *Les Égarements du cœur et de l'esprit*
- **Defoe**, *Robinson Crusoé*
- **Dickens**, *Oliver Twist*
- **Du Bellay**, *Les Regrets*
- **Dumas**, *Henri III et sa cour*
- **Duras**, *L'Amant*
- **Duras**, *La Pluie d'été*
- **Duras**, *Un barrage contre le Pacifique*
- **Flaubert**, *Bouvard et Pécuchet*
- **Flaubert**, *L'Éducation sentimentale*
- **Flaubert**, *Madame Bovary*
- **Flaubert**, *Salammbô*
- **Gary**, *La Vie devant soi*
- **Giraudoux**, *Électre*
- **Giraudoux**, *La Guerre de Troie n'aura pas lieu*
- **Gogol**, *Le Mariage*
- **Homère**, *L'Odyssée*
- **Hugo**, *Hernani*
- **Hugo**, *Les Misérables*
- **Hugo**, *Notre-Dame de Paris*
- **Huxley**, *Le Meilleur des mondes*
- **Jaccottet**, *À la lumière d'hiver*
- **James**, *Une vie à Londres*
- **Jarry**, *Ubu roi*
- **Kafka**, *La Métamorphose*
- **Kerouac**, *Sur la route*
- **Kessel**, *Le Lion*
- **La Fayette**, *La Princesse de Clèves*

- **Le Clézio**, *Mondo et autres histoires*
- **Levi**, *Si c'est un homme*
- **London**, *Croc-Blanc*
- **London**, *L'Appel de la forêt*
- **Maupassant**, *Boule de suif*
- **Maupassant**, *Le Horla*
- **Maupassant**, *Une vie*
- **Molière**, *Amphitryon*
- **Molière**, *Dom Juan*
- **Molière**, *L'Avare*
- **Molière**, *Le Malade imaginaire*
- **Molière**, *Le Tartuffe*
- **Molière**, *Les Fourberies de Scapin*
- **Musset**, *Les Caprices de Marianne*
- **Musset**, *Lorenzaccio*
- **Musset**, *On ne badine pas avec l'amour*
- **Perec**, *La Disparition*
- **Perec**, *Les Choses*
- **Perrault**, *Contes*
- **Prévert**, *Paroles*
- **Prévost**, *Manon Lescaut*
- **Proust**, *À l'ombre des jeunes filles en fleurs*
- **Proust**, *Albertine disparue*
- **Proust**, *Du côté de chez Swann*
- **Proust**, *Le Côté de Guermantes*
- **Proust**, *Le Temps retrouvé*
- **Proust**, *Sodome et Gomorrhe*
- **Proust**, *Un amour de Swann*
- **Queneau**, *Exercices de style*
- **Quignard**, *Tous les matins du monde*
- **Rabelais**, *Gargantua*
- **Rabelais**, *Pantagruel*
- **Racine**, *Andromaque*

- **Racine**, *Bérénice*
- **Racine**, *Britannicus*
- **Racine**, *Phèdre*
- **Renard**, *Poil de carotte*
- **Rimbaud**, *Une saison en enfer*
- **Sagan**, *Bonjour tristesse*
- **Saint-Exupéry**, *Le Petit Prince*
- **Sarraute**, *Enfance*
- **Sarraute**, *Tropismes*
- **Sartre**, *Huis clos*
- **Sartre**, *La Nausée*
- **Senghor**, *La Belle histoire de Leuk-le-lièvre*
- **Shakespeare**, *Roméo et Juliette*
- **Steinbeck**, *Les Raisins de la colère*
- **Stendhal**, *La Chartreuse de Parme*
- **Stendhal**, *Le Rouge et le Noir*
- **Verlaine**, *Romances sans paroles*
- **Verne**, *Une ville flottante*
- **Verne**, *Voyage au centre de la Terre*
- **Vian**, *J'irai cracher sur vos tombes*
- **Vian**, *L'Arrache-cœur*
- **Vian**, *L'Écume des jours*
- **Voltaire**, *Candide*
- **Voltaire**, *Micromégas*
- **Zola**, *Au Bonheur des Dames*
- **Zola**, *Germinal*
- **Zola**, *L'Argent*
- **Zola**, *L'Assommoir*
- **Zola**, *La Bête humaine*
- **Zola**, *Nana*
- **Zola**, *Pot-Bouille*